Θωμάς Ν. Αρβανίτης
Thomas N. Arvanitis

ΑΝΤΙΚΕΙΜΕΝΙΚΟ

ΣΥΣΤΗΜΑ

ΠΡΟΜΗΘΕΙΩΝ

ΔΗΜΟΣΙΟΥ

PUBLIC SUPPLIES & WORKS
AWARD SYSTEM

Εκδότης & Δημιουργός

@2011 Θωμάς Ν. Αρβανίτης

Αναξιμάνδρου 35

54250 Θεσσαλονίκη

6999.325358

oldpostnet@gmail.com

Εκτύπωση: Lulu.com - Γαλλία

Creator & Publisher

@2011 by Thomas N. Arvanitis

Anaximandrou 35

54250 Thessaloniki, Greece

mobile 6999.325358

oldpostnet@gmail.com

Printed in EEC (France)

By Lulu.com

ISBN: 978-1-4477-5513-5

Ζωγραφιές εξωφύλλων

Εμπροσθεν: *Πεταλούδες*
Κλεοπάτρα Αρβανίτη (4χρ.)

Όπισθεν: *Διάστημα*
Νικος Αρβανιτης (6χρ.)

Cover paintings

Front: *Butterflies*
by Cleopatra Arvaniti (4yr.)

Back: *Space*
by Nikolas Arvanitis (6yr.)

Η ανάγκη για ένα σύγχρονο
αντικειμενικό σύστημα προμηθειών για
το δημόσιο είναι σήμερα επιτακτική

Το ζητούμενο πλέον δεν είναι μόνο
το άμεσο οικονομικό αποτέλεσμα αλλα
και η αξιοπιστία, η ποιότητα και
η γενικότερη πολύπλευρη ωφέλεια
του δημοσίου

Ελαχιστοποίηση της γραφειοκρατίας

Εξάλειψη της διαφθοράς

Ταχύτατες διαφανείς διαδικασίες

Εξασφάλιση υψηλής ποιότητας

Ώθηση της ανταγωνιστικότητας

Κοινωνική δικαιοσύνη

Η σημερινή κατάσταση

Σήμερα εφαρμόζεται ένα σύστημα
παντελώς αναξιόπιστο και δαιδαλώδες

Οι προβλεπόμενες διαδικασίες
προμηθειών είναι χρονοβόρες και
εύκολα διαστρεβλώσιμες

Προάγεται η διαφθορά και η
επικράτηση μηχανισμών καθοδήγησης
των διαδικασιών

Τα επιλέξιμα υλικά και υπηρεσίες είναι
τελευταίας ποιότητας

Καταστρατηγείται η ορθή λειτουργία
της αγοράς και η ανταγωνιστικότητα

Δημιουργούνται ''κλειστά κυκλώματα''
προμηθευτών του δημοσίου

Γίνεται προμήθεια ακατάλληλων και
προβληματικών υλικών

Η συνολική οικονομική ωφέλεια για το
δημόσιο είναι συνήθως αρνητική

Το

νέο

αυτόματο

αντικειμενικό

σύστημα

προμηθειών

1. Ίδρυση φορέα διαχείρισης προμηθειών του δημοσίου

Ένας φορέας υπεύθυνος για τις προμήθειες ολοκλήρου του δημοσίου

Δεδομένου του ότι όλες οι διαδικασίες θα γίνονται ηλεκτρονικά το απαιτούμενο προσωπικό είναι ελάχιστο

Κατάργηση όλων των κατά τόπους επιτροπών προμηθειών με τεράστια μείωση δαπανών

Αποκέντρωση της υπηρεσίας εφόσον δεν απαιτείται η φυσική παρουσία των προμηθευτών

Αυτοχρηματοδότηση του φορέα με μικρό ποσοστιαίο τέλος επί των προμηθειών

2. Δημιουργία βάσης δεδομένων προϊόντων και υπηρεσιών

Οι ενδιαφερόμενοι προμηθευτές του δημοσίου εγγράφονται σε μια βάση δεδομένων ανά προϊόν η υπηρεσία

Με μέριμνα του φορέα πιστοποιούνται ηλεκτρονικώς

Βεβαιώσεις, ενημερότητες και λοιπά στοιχεία καταχωρούνται εφάπαξ η ενημερώνονται περιοδικά όπως προβλέπεται κατά το νόμο

Καταργείται η γραφειοκρατία και το χαρτομάνι

Ο υποψήφιος προμηθευτής γνωρίζει εκ των προτέρων εάν είναι ''οκ'' η τι εκκρεμότητες έχει ώστε να τις τακτοποίηση

Διασφαλίζεται η συμμετοχή ολόκληρης της εμπορικής αλυσίδας από τον παραγωγό έως την τελικό πωλητή

3a. Καταχώρηση / Ενημέρωση βάσης δεδομένων

Οι ενδιαφερόμενοι προμηθευτές του δημοσίου καταχωρούν ηλεκτρονικά σε καθημερινή βάση τα στοιχεία των τιμολογίων πώλησης των προϊόντων τους στην ελεύθερη αγορά

π.χ.

1/6/11 100 αυγά προς 0,40 Ε/τεμ.
10/6/11 200 αυγά προς 0,30 Ε/τεμ.

Εξασφαλίζεται ότι ο προμηθευτής μετέχει της ελεύθερης αγοράς

Το σύστημα αθροίζει και διαχωρίζει τα καταχωρημένα προϊόντα ανά προμηθευτή και τιμή

π.χ.

Ο προμηθευτής Α έχει πουλήσει

συνολικά 300 αυγά προς 0,33 Ε/τεμ

& κατέχει το 60% της καταχωρημένης αγοράς αυγών

3β. Καταχώρηση / Ενημέρωση βάσης δεδομένων

Οι φορείς του δημοσίου καταχωρούν στο σύστημα τις παραγγελίες τους

π.χ. Νοσοκομείο Πάτρας

100 αυγά

Ο κάθε φορέας επιλέγει ηλεκτρονικά από την βάση δεδομένων το προϊόν που ζητά και την ποσότητα

Καταπολεμάται η συναλλαγή μεταξύ προμηθευτών και προμηθευομένων

Δεν απαιτείται η ύπαρξη γραφείου προμηθειών αλλά απλή εντολή διευθυντού τμήματος

Η διαδικασία παραγγελίας είναι άμεση ώστε εξαλείφεται το σημερινό χρονοβόρο καθεστώς

4. Αποτέλεσμα

Το σύστημα κατηγοριοποιεί τους προμηθευτές ανά προϊόν & μέση τιμή

Προμ.Α

60% μερίδιο αγοράς & μέση τιμή 0,33/τεμ

Προμ.Β

40% μερίδιο αγοράς & μέση τιμή 0,40/τεμ

και απονέμει δικαιώματα πώλησης στο δημόσιο του προϊόντος στην μέση τιμή που αυτός πουλάει στην αγορά

Η παραγγελία αποστέλλεται άμεσα προς εκτέλεση

Ουσιαστικά κάθε προμηθευτής αποκτά δικαιώματα πώλησης προς το δημόσιο ανάλογα της συμμετοχής του στην ελεύθερη αγορά

Το δημόσιο προμηθεύεται προϊόντα που αντικειμενικά έχει επιλέξει η ίδια η κοινωνία και προς την ποιότητα αλλά και προς την τιμή

5. Εξομάλυνση

Το σύστημα επιλέγει αρχικά τον πλησιέστερο στην παράδοση προμηθευτή

και αφού εξαντλήσει τα δικαιώματα πώλησης αυτού προχωρεί στον επόμενο

Μια σειρά λογισμικών παραμέτρων διευθέτει και εξομαλύνει την επιλογή των προμηθευτών

Στη διάρκεια του χρόνου το δημόσιο θα προμηθεύεται από κάθε προμηθευτή ανάλογα των πωλήσεων αυτού στην ελεύθερη αγορά

Οι λεγόμενοι 'αλεξιπτωτιστές ' αποκλειστικοί προμηθευτές του δημοσίου αποκλείονται αφού δεν δραστηριοποιούνται στην κοινωνία

Τα ποιοτικότερα και ακριβότερα προϊόντα δεν αποκλείονται αλλά συμμετέχουν αναλογικά

Εφαρμογή του νέου συστήματος

Η εφαρμογή του νέου συστήματος
μπορεί να ξεκινήσει σταδιακά από τα
απλά προϊόντα και υπηρεσίες

Το οικονομικό όφελος για το
δημόσιο είναι πολλαπλάσιο και
προκύπτει όχι μονό από την άμεση
εφαρμογή της διαδικασίας

αλλά διαχρονικά γιατί προωθείται η
ανταγωνιστικότητα αφού
μεγαλύτερο μερίδιο αγοράς στην
κοινωνία οδηγεί σε μεγαλύτερο
μερίδιο στις δημόσιες προμήθειες

Ανοίγει ο τομέας των δημοσίων
προμηθειών σε όλες τις επιχειρήσεις

Η ανάπτυξη του συστήματος είναι
συνεχής με την κωδικοποίηση
προϊόντων / υπηρεσιών και
προδιαγραφών

Κοινωνική δικαιοσύνη

Για πρώτη φορά εισάγεται η
σύνδεση της ελεύθερης αγοράς με
το δημόσιο

Οι δημόσιες προμήθειες ανακτούν
την ποιότητα που ήδη έχει επιλέξει η
ίδια η κοινωνία

Ομοίως το κόστος προμηθειών
συνδέεται με την πραγματική αγορά

Εξαλείφονται στημένοι διαγωνισμοί
και πλασματικά κόστη

Οι δημόσιες προμήθειες
αντανακλούν την κοινωνία

Ενισχύεται η φορολογική συνέπεια
αφού τα τιμολόγια πωλήσεων είναι η
βάση του συστήματος

Καθιερώνεται ένα απόλυτα αξιόπιστο
και διαφανές σύστημα

Ενισχύεται το δημόσιο αίσθημα περί
δικαιοσύνης και συμμετοχικότητας

Αυτοχρηματοδότηση

Ο νέος φορέας μπορεί να λειτουργεί
με αυτοχρηματοδότηση
εισπράττοντας ενιαίο τέλος 1% επί
των προμηθειών του δημοσίου από
τους προμηθευτές

Τα πλεονάζοντα έσοδα του φορέα θα
μπορούν να διατίθενται
ανταποδοτικά προς τους
προμηθευτές

Επιπλέον υπηρεσίες διαχείρισης
προγραμμάτων στήριξης των
ευπαθών ομάδων του πληθυσμού

Επίσης το σύστημα μπορεί να
διαχειριστεί χορηγίες προϊόντων

Συναφείς δραστηριότητες

Δημιουργία και διαχείριση
στρατηγικών αποθεμάτων
προϊόντων για έκτακτες ανάγκες

Συντονισμός εξαγωγικών
προσπαθειών

Συμβουλευτικές υπηρεσίες για την
παράγωγη και καινοτομία

Ενίσχυση επιχειρηματικότητας
προσανατολισμός του επιχειρείν

Στατιστική ανάλυση των προμηθειών
του δημοσίου προς περαιτέρω
έρευνα

Αντίστροφη διαδικασία εκποίησης
υλικών του δημοσίου

Thomas N. Arvanitis

PUBLIC
SUPPLIES
&
WORKS
AWARD SYSTEM

The need for a modern system for
public procurement is now imperative

The challenge now is not only the
direct economic impact but also the
reliability, quality and overall
multifaceted benefits of the public

Minimize bureaucracy

Eradicating corruption

Fast transparent

Ensuring high quality

Boosting competitiveness

Social justice

The current situation

Today the system is totally unreliable and convoluted

The planned procurement procedures are cumbersome and easily misused

Promotes corruption and the prevalence of mechanisms guiding procedures

Eligible materials and services are low quality

Undermining the proper functioning of the market and competitiveness

Created "closed loop" suppliers of the public

Supply is inadequate and roads to problematic materials

The overall economic benefit to the public is usually negative

The

new

automatic

system for

public

supplies & works

1. Establishment of management body of public procurement

An organization responsible for the entire public procurement

Given that all procedures are done electronically the required personnel is minimal

Remove all local procurement committees with enormous cost reduction

Decentralization of service, that not requires the physical presence of suppliers

Self-financing body with a small percentage tax on supplies

2. Create a database of products and services

Interested suppliers entered into a database for each product or service

Electronic certification of providers

Certificates, clearance and other data entered once or updated periodically as provided by law

Deleted bureaucracy and paperwork

The prospective supplier knows in advance whether he is "ok" or what is outstanding to the settlement

Ensure the participation of the entire trade chain from producer to the retailer

3a. Register / Update database

Interested suppliers of public record electronically on a daily basis with invoices selling their products on open market

eg.

01/06/11 100 eggs for 0.40 E / piece. 10/06/11 200 eggs for 0.30 E / piece.

Ensure that the supplier part of the free market

The system aggregates and separates the records by supplier and price

eg.

The supplier A has sold

total of 300 eggs for 0.33 E / piece

and owns 60% of registered egg market

3b. Register / Update database

The bodies of the public record in the system orders

eg. Hospital of Patras

100 eggs

Each player chooses from the electronic database of product required and the amount

Combat the under table trade between suppliers and the supply,

It does not requires the existence of a supplies office, but simple command division manager

The ordering process is immediate to eliminate the current cumbersome system

4. Score

The system categorizes suppliers per product and average

Prom.A

60% market share and average 0.33 / pc

Prom.V

40% market share and average 0.40 / pc

and confers rights to sell the public on the product mean that it sells in the market

The order is sent directly for execution

Virtually every supplier acquires rights to sell to the public according to its participation in free market

The government procures goods objectively chosen by society itself and the quality and on price

5. Smoothing

The system initially selects the
nearest delivery supplier

and having exhausted his rights
to sell this goes to the next

A number of software
parameters regulates and
smoothes the selection of
suppliers

Over the years the public will be
supplied by each supplier as
sales of this free market

The so-called 'paratroopers'
exclusive supplier of the public
are excluded since they are not
active in society

The highest quality and most
expensive products are not
excluded but participate
proportionately

Implementation of new system

The implementation of the new system can start gradually from simple products and services

The economic benefit to the public is multiple and not only by the immediate implementation of the

but over time it promotes competitiveness with leading market share in society leads to a greater share of public procurement

Opens the field of public procurement in all businesses

The development of the system is continuous with the encoding of products / services and standards

Social justice

For the first time introduced the connection of the free market with government

Public procurement recovers the quality that has already been chosen by the society itself

Similarly, the procurement costs associated with the real market

Eliminate rigged competitions and notional costs

Public procurement reflect society

Strengthen the tax consequences after sales invoices are the basis of the system

Introduced a completely reliable and transparent system

Reinforced public sentiment of justice and participatory

Self-financing

The new entity can operate with self-financing by levying a uniform fee of 1% of public procurement from suppliers

Surplus revenue body will be placed contributory to suppliers

Additional services program management support for vulnerable groups

The system can manage sponsorship

Related Activities

Create and manage strategic
product reserves for emergencies

Coordinate export efforts

Consulting services for
production and innovation

Enhancing entrepreneurial
orientation of business

Statistical analysis of public
procurement to further research

Reverse the process of
divestment of government
material

Σημειώσεις / Notes